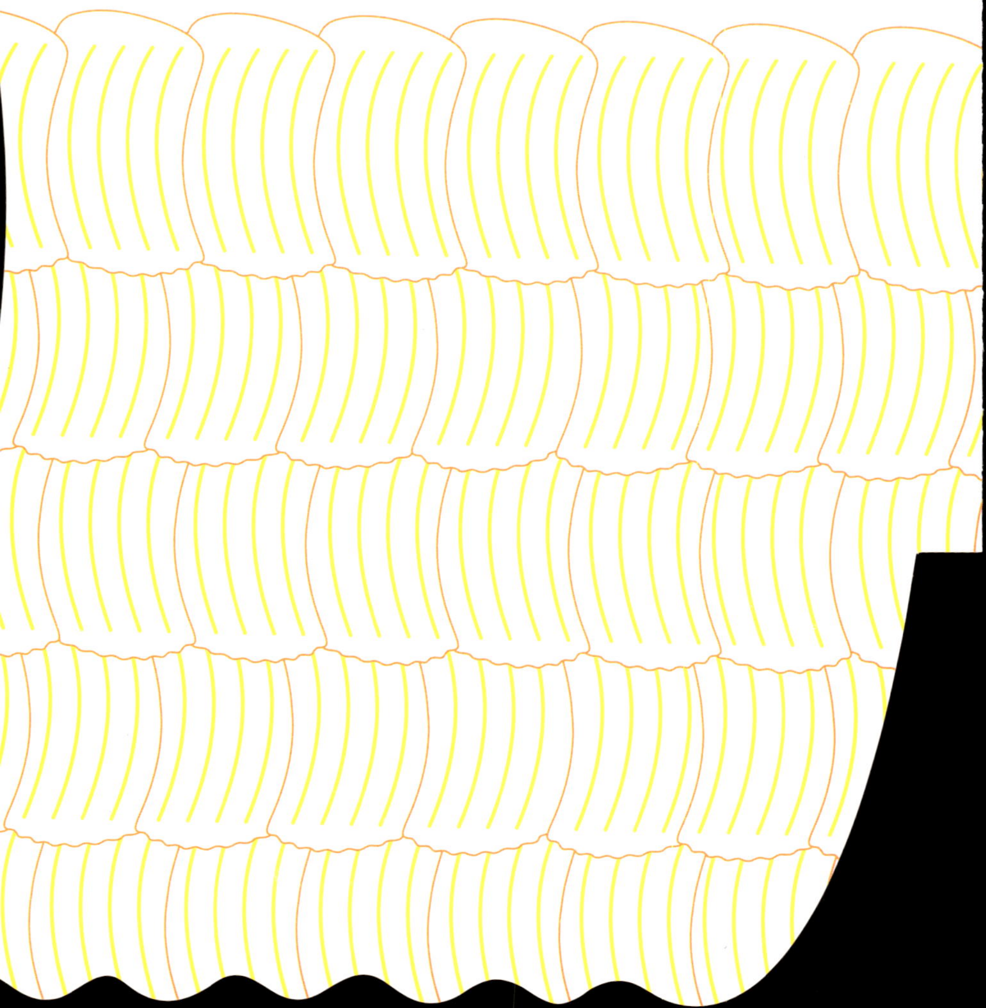

ALLES PASTA

50 Rezepte mit Pfiff

ACADEMIA BARILLA

INHALTSVERZEICHNIS

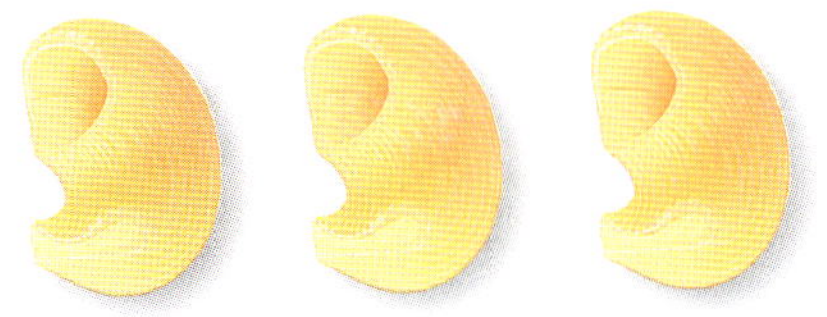

DENKT MAN AN PASTA, DENKT MAN AN BARILLA!

Die faszinierende, tausendjährige Geschichte der Pasta ist in jedem Winkel Italiens lebendig.

Die ersten Hinweise auf frische Pasta stammen aus der Zeit der Etrusker, dann folgen mittelalterliche Zeugnisse von haltbaren Teigwaren aus dem von der arabischen Kultur stark beeinflussten Sizilien, dann Renaissance-Dokumente, erste Erwähnungen in der Literatur und die Gründung der Nudelmacherzünfte in Ligurien und Neapel: Italien ist untrennbar mit der Pasta verbunden, gleichzeitig aber auch Zeuge eines allmählichen Wandels, der von geschmacklichen Entwicklungen und Produktionstechniken bestimmt wird.

Die Geschichte der Teigwaren ihrerseits ist stark verflochten mit dem Namen Barilla und der Familie selbst, der Namensgeberin des Unternehmens. Bereits 1553 wird ein Ovidius Barilla als Bäckermeister in der Stadt Parma erwähnt. Erfahrung und Wissen wurden von Generation zu Generation weitergegeben, bis Pietro Barilla senior 1877 in der Hauptstraße von San Michele sein Bäcker- und Pastageschäft eröffnete. Damit wurde der Grundstein für das Unternehmen Barilla, dem Weltmarktführer italienischer Teigwaren gelegt, das in mehr als 100 Ländern zum Botschafter italienischer Küche wurde.

Anliegen dieses Buches ist es, die wichtigsten Rezepte italienischer Kochtradition von einem Unternehmen zusammentragen zu lassen, das in aller Welt Synonym für dieses Produkt ist.

ITALY'S #1 BRAND OF PASTA
Barilla
SPAGHETT
IN 9 MINUTES
illa
ATONI
PERFECTION IN 12 MINUTES
AL DENTE EN 12 MINUTES
PASTA - PÂTES
Bar
TORTIG
COTTURA

EIN HOCH AUF DIE PASTA!

„… und hier wäre ein Berg ganz von geriebenem Parmesankäse, auf dem Menschen ständen, die nichts Anderes machten als Makkaroni und Eierklöße, die sie in Kapaunenbrühe kochten und dann den Berg herunter kollerten und wer unten die meisten auffinge, der hätte die meisten …“

Giovanni Boccaccio, *Das Dekameron*, Achter Tag. Dritte Geschichte, 1349 (Übersetzung Karl Witte, Leipzig, 1843)

Mmh … Pasta … Gibt es etwas Einladenderes als einen dampfenden Teller Spaghetti? Kann man sich etwas Köstlicheres vorstellen als Teigtaschen mit zarter Füllung? Etwas Feineres als Sternchennudeln in Brühe? Pasta steht für ein Abenteuer, das stets neue Formen, Farben, Aromen und Geschmacksnuancen bereithält. Unterschiedliche Garzeiten und Zubereitungsarten. Ein Primat des Geschmacks und der Kreativität, der von Italien, in dessen Tradition die Pasta ein Nationalheiligtum ist, den Siegeszug um die Welt angetreten hat.

Doch wer hat sie erfunden?

Wie bei allen Erfindungen in der Menschheitsgeschichte, weiß man nicht, wem sie zu verdanken ist. Sicher ist nur, dass es nicht Marco Polo war, der sie 1295 bei seiner Rückkehr aus China mitbrachte. Urformen der Pasta sind in Eurasien schon seit dem Neolithikum vor mehr als 10000 Jahren dokumentiert seit der Mensch begann, Getreide anzubauen, zu mahlen, mit Wasser zu vermischen und zu einem Teig zu verarbeiten, der dann gekocht oder in der Sonne getrocknet wurde, um ihn haltbar zu machen. Bereits die Etrusker hatten mit der Teigherstellung zu tun, was in Gräbern aufgefundene Geräte, wie Nudelbrett, Nudelholz und Teigrädchen belegen, die noch heute zur Pastaherstellung eingesetzt werden. Und auch den Römern war die Pasta bereits ein Begriff: Varrone erzählt dem Koch

Apicio im 1. Jh. v. Chr. von den „lixulae", den Vorläufern der Gnocchi und beschreibt kurz nach Christi Geburt die „lagane", die aus einem Wasser-Mehlteig hergestellt wurden, der ausgerollt und ähnlich den Lasagneblättern in Platten geschnitten wurde.

Streifen von Fladen und spitze Holzstäbe

Die ersten historischen Zeugnisse getrockneter Teigwaren gehen auf das Hochmittelalter auf Sizilien zurück. Dort wurde eine Pastasorte in Bandform, die sogenannte „itrya" (von Arabisch *itryah*, „in Streifen geschnittene Fladen") hergestellt, wie Al-Idrisi, der Geograph von Roger II. von Sizilien 1154 zu berichten wusste. Im 4. Jh., nachdem sich die Pastaherstellung von Sizilien nach Ligurien und Kampanien, und vor allem nach Genua und Neapel verbreitet hatte, später dann auch in Apulien und der Toskana Fuß fasste, werden die ersten Nudelmacherzünfte gegründet, und der Vorläufer der heutigen Gabel, der „punctorio ligneo" kommt ins Spiel: ein spitzer Holzstab, der zum Verzehr der schwer zu handhabenden Pasta empfohlen wurde. Während man im übrigen Europa noch mit den Händen isst, wird in Italien bald ein Besteck eigens zum Verzehr der weit verbreiteten Pasta eingeführt.
Bis zum 17. Jh. wird die Pasta in den Rezeptsammlungen als Beilage empfohlen, und nach dem damaligen Geschmack servierte man sie leicht verkocht. Anschließend behauptete sie sich als eigenständiges Gericht - heute wird sie dank der Saucen immer mehr zu einer Hauptspeise, die nicht nur Kohlehydrate, sondern auch Eiweiße und Fette liefert - und man isst sie „al dente", sodass sie noch Biss hatte.

Nationaler Ruhm

Im 14. und 15. Jh. wird die Pastaherstellung in Italien zu einer wahren Kunstform. Im 18. Jh. dann tauchen bei einigen Nudelherstellern die ersten Vorläufer von Maschinen auf, sodass Maccheroni & Co. auf dem besten Weg sind, das italienische Gericht par excellence zu werden - ein Synonym für Schlichtheit und Qualität.

Die Pasta ist nicht länger die Speise der Armen, sondern eine Spezialität, selbst für den verwöhntesten Gaumen. Denn man kann nicht auf sie verzichten. Sogar der Schriftsteller Filippo Tommaso Marinetti, der 1930 in seiner Veröffentlichung „Die futuristische Küche" einen Kreuzzug gegen die Pasta führte, da sie für eine Verweichlichung der Italiener verantwortlich sei, wird im Restaurant Biffi in Mailand „erwischt", als er gerade einen Teller Spaghetti hinunterschlingt. Vor ihm hatte bereits der Dichter Giacomo Leopardi 1835 versucht, die Pasta schlechtzumachen, als er die nach ihr süchtigen Neapolitaner verhöhnte. Und deren Antwort ließ nicht lange auf sich warten: Wenn Leopardi in seinem Leben statt der Bücher mehr Pasta verschlungen hätte, wäre er gesundheitlich weniger anfällig und nicht so übellaunig ... Heute ist die Pasta in Italien die am weitesten verbreitete Speise und Sinnbild italienischer Lebensart. Von der sogenannten Sonntagspasta, die noch heute in vielen Teilen des Landes hergestellt wird, zu den *Tajarin* der piemontesischen Langhe, den toskanischen *Pappardelle*, den *Passatelli* aus der Emilia-Romanga und den sardischen *Maccarrones*, bis zu den lukanischen *Strascinati* und den *Cappellacci* aus Ferrara. Und natürlich, nicht zu vergessen, die im Alltag stark verbreiteten Sorten wie Farfalle und Fusilli. Die Vielfalt ist so groß, dass man davon ausgeht, dass es in Italien mehr als 100 Sorten gibt.

Die Pasta in der Kunst

Wie oft schon kam ein Teller Pasta in der Literatur oder dem italienischen Film vor? Und wer denkt nicht sofort an das Viertel Bengodi, das von Giovanni Boccaccio im *Dekameron* beschrieben wird, wo in Hühnerbrühe gekochte Maccheroni und Ravioli fröhlich einen Berg aus Parmesan hinabrollen? Und wie bewegend ist die Szene in *Die verkaufte Unschuld* von Mario Mattioli, als Totò, der große neapolitanische Komiker, einen Habenichts spielt, der so ausgehungert ist, dass er sich die Taschen mit Spaghetti vollstopft? Oder in dem Film *Diebe haben's schwer* von Mario Monicelli, wo die Gang, obwohl sie den

Jahrhundertcoup zu Ende bringen soll, innehält, um einen Teller „Pasta e fagioli" zu essen. Oder ein *Amerikaner in Rom* mit Alberto Sordi, wo Sordi einen jungen Mann spielt, der eine Schwäche für alles hat, was aus den USA kommt, aber nicht auf das Uritalienische schlechthin verzichten kann: einen von der Mama exzellent zubereiteten Teller Pasta.

Getrocknete, frische und außergewöhnliche Teigwaren

Zur Zubereitung der Pasta bedarf es nur einiger simpler Geräte: Nudelbrett, Nudelholz und Messer.

Die industrielle Herstellung von Pasta hingegen vollzieht sich in sechs Phasen: Mahlen des Weizens (oder einer anderen Getreidesorte), Mischen und Kneten, Ziehen, Walzen, Trocknen, Kühlen und Verpacken. Die in Italien hergestellten, sogenannten getrockneten Teigwaren werden ausschließlich aus Hartweizengrieß und Wasser hergestellt (die Qualität des Produkts zeigt sich in der Transparenz des Kochwassers). Für frische Teigwaren hingegen kommt Weizenmehl zum Einsatz und der Teig wird nicht gezogen sondern ausgerollt.

Bei den Teigwaren mit anderen Zutaten ist die Pasta mit Ei, die recht geschmacksintensiv ist und nach dem Kochen gut in Form bleibt, am weitesten verbreitet. Farbe und Geruch der Pasta sind natürlich vom Getreide selbst und der Menge der in den Teig gegebenen Zutaten abhängig. So können zum Beispiel auch farbige Sorten hergestellt werden: grün wird sie mit gekochtem Spinat, rot mit Tomatenkonzentrat oder gekochten Rüben, orange mit gekochten Karotten oder gekochtem Kürbis, gelb mit Safran oder Curry, braun mit einer Prise Kakao und schwarz mit Sepiatinte.

Tausendundeine Form

Pastasorten werden anhand ihrer Form unterschieden. Es gibt lange Pasta mit rundem Querschnitt wie Vermicelli, hohle Pasta wie Ziti, rechteckige wie Trenette oder breite wie Reginette. Zudem gibt es Pasta in Nest- oder Knäuelform, breite wie Pappardelle oder schmalere wie Fettuccine. Und natürlich auch die kurze Pasta, die ihrerseits länger sein kann, wie Rigatoni oder Sedani oder mittelgroß wie Conchiglie oder Ruote. Abgerundet wird die Vielfalt durch die sogenannte Minutenpasta wie Anellini oder Tempestine oder gefüllte Teigwaren wie Agnolotti und Cappelletti und Fantasieformen in den bizarrsten Ausprägungen. Je nach Oberflächenbeschaffenheit können die Teigwaren glatt oder geriffelt sein, wobei erstere geschätzt werden, weil sie als leicht gelten und letztere, weil sie die Sauce gut aufnehmen. Auch die Rauigkeit und Porosität, die von den Geräten abhängen, welche bei der Herstellung eingesetzt werden, sind entscheidend dafür, ob die Sauce an der Pasta haftet. Auf Bronzeformen gezogene und langsam getrocknete Teigwaren, beispielsweise, sind perfekt.

Garzeit und Saucen

Im Allgemeinen wird Pasta in kochendem Salzwasser gegart - hiervon ausgenommen sind Teigwaren, die in Fleisch- oder Gemüsebrühe serviert werden. Die goldene Regel ist 1-10-100, also ein Liter Wasser mit 10 Gramm Salz und 100 Gramm Pasta. Wenn das Wasser zu kochen beginnt, wird die Pasta in den Topf geschüttet und bis sie al dente ist, gegart. Die Garzeit, die je nach Sorte zwischen einigen Minuten und einer halben Stunde liegen kann, ist sehr wichtig: Sie hat nicht nur Einfluss auf die Verdaulichkeit, sondern auch auf den Geschmack. Um zu verhindern, dass die Pasta während des Kochvorgangs zusammenklebt, muss regelmäßig umgerührt werden. Die Pasta sollte im offenen Topf in kräftig sprudelndem Wasser kochen. Nach Ende der Garzeit wird die Pasta mit der Sauce gemischt, direkt in die Suppenschüssel gegeben oder in der Pfanne bei starker Hitze kurz sautiert. Wenn die Pasta für kalte Gerichte verwendet wird, muss sie noch gut al dente abgegossen, unter kaltem Wasser abgeschreckt und nach dem Abtropfen in eine große Schüssel gegeben werden. Ein Schuss Öl verhindert das Zusammenkleben, bis die übrigen Zutaten dazukommen.
Bei Ofengerichten, wie Nudelaufläufen, kocht man die Pasta mit halber

Garzeit vor, gießt sie ab, lässt sie abkühlen, fügt die übrigen Zutaten hinzu und gart sie im Ofen fertig. Und für die sogenannte *Frittata di pasta*, das typisch neapolitanische Pastaomelett? Hier wird die bereits gekochte Pasta mit dem Ei und den anderen Zutaten vermischt und gebraten. In Apulien ist es Usus, Pasta in Öl zu frittieren und sie dann mit derselben, allerdings gekochten Pastasorte zu mischen.
Die Bandbreite an Saucen, mit denen die Pasta werden kann, ist nahezu unerschöpflich, denn Zutaten, Zubereitungsarten und Garzeiten können ganz unterschiedlich sein: Da gibt es die klassische Bolognese mit Fleisch, die unvergleichliche Tomatensauce, die cremige Käsesauce, aber auch die frische Gemüsesauce.

Nicht nur Klassiker ...

Für dieses Buch der Academia Barilla, einem internationalen Zentrum, das sich der Verbreitung italienischer Kochkunst widmet, wurden 50 Pastarezepte ausgewählt. Einige sind Klassiker, darunter die Penne „Norma" oder Penne all'arrabbiata, Spaghetti Carbonara oder Spaghetti alla puttanesca, Bucatini mit Käse und dreierlei Pfeffer. Dies gilt ebenso für Trofie mit Basilikumpesto, Orecchiette mit Cima di rapa, oder Linguine allo scoglio. Andere Pastagerichte hingegen wurden mit traditionellen Zutaten der italienischen Küche entwickelt, darunter Käsesorten wie Gorgonzola und Pecorino romano, Wurst- und Fleischspezialitäten wie Speck oder Parmaschinken und natürlich der traditionelle Balsamessig aus Modena, Pilze, getrocknete Tomaten und anderes mehr.
Bei alledem liegt das Augenmerk auf sorgfältig, liebevoll ausgewählten Zutaten und großem Können, wobei stets das Einfache im Vordergrund steht, welches eine beispiellose Eleganz ausdrücken kann - und auf dem Bestreben, die Philosophie der Geselligkeit zu teilen und zu vermitteln. Denn wenn man Italiener kennenlernt und sich eine Freundschaft anbahnt, kreist alles immer um die eine Frage: „Essen wir einen Teller Spaghetti zusammen?"

PASTA MIT GEMÜSE

BAVETTE ALLA PUTTANESCA

ZUTATEN FÜR 4 PERSONEN

300 g Bavette
500 g Tomatenfruchtfleisch oder Dosentomaten
50 g schwarze Oliven, entsteint
30 g Kapern in Salz
30 ml natives Olivenöl extra
25 g Sardellenfilets in Öl
1-2 Knoblauchzehen
20 g gehackte glatte Petersilie
Chili, frisch oder getrocknet, klein geschnitten, Menge nach Belieben
Salz

ZUBEREITUNG

Öl in einen Topf geben und den in Scheiben geschnittenen Knoblauch (ein oder zwei Zehen, je nach Geschmack) mit Chili leicht anbraten, aber nicht zu dunkel werden lassen. Wird eine frische Chilischote verwendet, sollte diese in Scheiben geschnitten, eine getrocknete am besten mit Einmalhandschuhen zerbröselt werden. Kapern unter fließendem Wasser vom Salz befreien und mit den Sardellenfilets grob hacken. Wenn Knoblauch und Chili goldbraun sind, beides hinzufügen und 2 Minuten auf kleiner Flamme schmoren lassen. Temperatur erhöhen und Tomaten zugeben. Nach Geschmack salzen und 5 Minuten kräftig weiterkochen lassen, dabei regelmäßig umrühren und schließlich die Oliven, entsprechend ihrer Größe, halbiert oder in Ringe geschnitten, zugeben. In der Zwischenzeit die Bavette al dente garen, abgießen und mit der Sauce anrichten und der gehackten Petersilie garnieren.
Für dieses Rezept eignen sich auch Spaghetti.

Vorbereitung: 30 Minuten + Garzeit: 6 Minuten
Schwierigkeitsgrad: niedrig

CAVATIELLI PUGLIESI MIT CREME VON DICKEN BOHNEN UND KNUSPRIGEN BROTKRUMEN

ZUTATEN FÜR 4 PERSONEN

300 g Cavatielli Pugliesi
500 g dicke Bohnen (frisch oder tiefgekühlt)
100 g Zwiebeln
100 g altbackenes Brot
50 ml natives Olivenöl extra
1,5 l Gemüsebrühe
Salz

ZUBEREITUNG

Die geschälten, fein gewürfelten Zwiebeln mit einem Drittel des Olivenöls in einen Topf geben und anschwitzen. Die blanchierten, geschälten dicken Bohnen zugeben, einige Minuten anbraten und dann mit der heißen Brühe ablöschen. Salzen und die Bohnen etwa 30 Minuten kochen lassen. Wenn sie gar sind, solange pürieren, bis eine dickliche Creme entsteht. Brot zerbröseln und die Krumen in der Pfanne mit dem restlichen Öl goldbraun anrösten, bis sie knusprig sind. Cavatielli in reichlich kochendem Salzwasser al dente garen, abgießen und mit der Creme mischen. Die gebratenen Brotkrumen darüberstreuen und sofort servieren.

Für dieses Rezept eignen sich auch Orecchiette.

Vorbereitung: 50 Minuten + Garzeit: 9 Minuten
Schwierigkeitsgrad: niedrig

CELLENTANI MIT TOMATENPESTO

ZUTATEN FÜR 4 PERSONEN

300 g Cellentani
800 g reife Tomaten
60 g frisch geriebener Parmesan
30 g Pinienkerne
30 g Mandeln, geschält
30 g Walnüsse
45 ml natives Olivenöl extra
5 Minzblätter
1 Knoblauchzehe
Salz und frisch gemahlener Pfeffer

ZUBEREITUNG

Tomaten kreuzförmig einritzen und 30-40 Sekunden in einen mit kochendem Wasser gefüllten Topf legen. Mit einer Schaumkelle die Tomaten aus dem Topf heben, Wasser beiseitestellen und in einen Behälter mit kaltem Wasser geben. Abkühlen lassen. Anschließend häuten und vierteln, Kerne entfernen, würfeln und mit den Pinienkernen, abgezogenen Mandeln, Walnüssen, dem geschälten und fein geschnittenen Knoblauch, Minzblättern, Parmesankäse sowie zwei Esslöffeln Olivenöl in den Mixer geben. Alles sorgsam zerkleinern, bis eine homogene Masse entsteht. Mit einer Prise Salz und frisch gemahlenem Pfeffer abschmecken. Tomatenwasser erneut zum Kochen bringen, eine Handvoll grobes Salz zugeben und die Cellentani darin garen. Pesto in eine große Schüssel geben. Am Ende der Kochzeit die Cellentani al dente abgießen und in die vorbereitete Schüssel geben. Einen Esslöffel Olivenöl zufügen und mischen. Pasta auf Teller verteilen, ein wenig Öl darübergießen, nach Geschmack mit etwas schwarzem Pfeffer bestreuen und sofort servieren.

Für dieses Rezept eignen sich auch Bavette.

Vorbereitung: 5 Minuten + Garzeit: 10 Minuten
Schwierigkeitsgrad: niedrig

FARFALLE
IN AUBERGINENSAUCE

ZUTATEN FÜR 4 PERSONEN

300 g Farfalle
700 g Auberginen
30 ml natives Olivenöl extra
Öl zum Braten (nach Belieben)
1 Bund Basilikum
Salz und frisch gemahlener Pfeffer

ZUBEREITUNG

Auberginen waschen, schälen, in mittelgroße Stücke schneiden und in einen Topf mit kochendem Salzwasser geben. Etwa 10 Minuten kochen lassen bzw. so lange, bis sie weich sind. Auberginen mit einer Schöpfkelle aus dem Wasser heben, mit Basilikum, je einer Prise Salz und Pfeffer in den Mixer geben und zu einer nicht zu dünnflüssigen Sauce pürieren. Farfalle in einem mit kochendem Salzwasser gefüllten Topf entsprechend der Packungsanweisung garen. Auberginensauce in eine Pfanne geben, je nach Geschmack mit Salz und Pfeffer würzen und bei mäßiger Temperatur erhitzen. Die al dente gekochten Farfalle abgießen, sofort in die Pfanne mit der Sauce geben, einen Schuss natives Olivenöl extra hinzufügen und kurz sautieren. Pasta nochmals gut durchmischen, auf Tellern anrichten und nach Belieben mit der hauchdünnen, wenige Sekunden in heißem Öl frittierten Auberginenschale garnieren.
Für dieses Rezept eignen sich auch Fusilli.

Vorbereitung: 15 Minuten + Garzeit: 12 Minuten
Schwierigkeitsgrad: niedrig

FUSILLI
MIT RAUKE-PESTO

ZUTATEN FÜR 4 PERSONEN

300 g Fusilli
100 g Rauke
20 g frisch geriebener Parmesan
10 g Pinienkerne
200 ml natives Olivenöl extra (wenn möglich aus Ligurien)
1/4 Knoblauchzehe
Salz

ZUBEREITUNG

Rauke verlesen, waschen und in einem Küchentuch trocken tupfen. Im Standmixer mit 150 Milliliter Öl, einer Prise Salz, Knoblauch und Pinienkernen zerkleinern. Den frisch geriebenen Parmesan zugeben, das restliche Öl ohne umzurühren über das Pesto geben und beiseitestellen. Die Fusilli in kochendem Salzwasser al dente garen und abgießen (dabei etwas Nudelwasser auffangen) und mit dem Pesto in eine Schüssel geben. Mit ein wenig Nudelwasser und einem Schuss Olivenöl vermischen.
Für dieses Rezept eignen sich auch Farfalle.

Vorbereitung: 15 Minuten + Garzeit: 10 Minuten
Schwierigkeitsgrad: niedrig

VOLLKORN-FUSILLI MIT ERBSEN

ZUTATEN FÜR 4 PERSONEN

300 g Vollkorn-Fusilli
500 g frische Erbsen (ersatzweise tiefgekühlt)
30 g Zwiebeln
20 ml natives Olivenöl extra
Salz

ZUBEREITUNG

Zwiebeln schälen, in Scheiben schneiden und in einem Topf mit Öl anschwitzen. Die Erbsen zugeben und zwei Minuten schmoren lassen. Einen halben Liter Wasser angießen und etwa 15 Minuten kochen lassen. Leicht salzen. Eine kleine Schöpfkelle Erbsen beiseitestellen und den Rest zu einer gleichmäßigen Creme pürieren. In den Topf zurückgeben. Vollkorn-Fusilli in einem mit kochendem Salzwasser gefüllten Topf entsprechend der Packungsanweisung garen. Anschließend abgießen und mit der Creme und den beiseitegestellten Erbsen in den Topf zurückgeben. Auf kleiner Flamme etwa eine Minute verrühren und sofort servieren.
Für dieses Rezept eignen sich auch Farfalle.

Vorbereitung: 15 Minuten + Garzeit: 11 Minuten
Schwierigkeitsgrad: niedrig

MEDITERRANER SALAT VON RUOTE-NUDELN

ZUTATEN FÜR 4 PERSONEN

300 g Ruote
200 g San Marzano-Tomaten
80 g rote Paprika
80 g gelbe Paprika
80 g Gurke
50 g Staudensellerie
50 g Erbsen
100 g dicke Bohnen
40 g Tropea-Zwiebel
50 g schwarze Oliven, entsteint
20 g Kapernäpfel
80 ml natives Olivenöl extra
Oregano, nach Geschmack
Salz

ZUBEREITUNG

Ruote in reichlich kochendem Salzwasser al dente garen, den Topf vom Herd nehmen und zum Abkühlen schnell unter fließendes, kaltes Wasser halten. Nun die Nudeln vorsichtig durch ein Sieb abseihen. In eine große Schüssel geben und etwas Öl hinzufügen, damit sie nicht zusammenkleben. In der Zwischenzeit Erbsen eine Minute in kochendem Salzwasser blanchieren und sofort in Eiswasser geben. Mit den dicken Bohnen ebenso verfahren und diese anschließend schälen. Kapernäpfel und Oliven aus der Lake nehmen und abspülen. Gemüse putzen und waschen, Zwiebel und Gurke schälen, Gurkensamen entfernen und beide in kleine Würfel schneiden. Alles mit der Pasta vermischen. Mit einer Prise Salz und etwas nativem Olivenöl extra abschmecken und sofort servieren. Nach Belieben mit etwas Oregano würzen. Für dieses Rezept eignen sich auch Gnocchi di semola.

Vorbereitung: 15 Minuten + Garzeit: 8 Minuten
Schwierigkeitsgrad: niedrig

ORECCHIETTE
MIT CIMA DI RAPA

ZUTATEN FÜR 4 PERSONEN

300 g Orecchiette
300 g Cima di Rapa (Stängelkohl), geputzt
4 EL natives Olivenöl extra
2 Sardellen in Öl
1 rote Chilischote
1 Knoblauchzehe
Salz und frisch gemahlener Pfeffer

ZUBEREITUNG

Den Kohl putzen und nur die zarten Teile verwenden. In einer großen, flachen Pfanne den in feine Scheiben geschnittenen Knoblauch, die ganze Chilischote und zwei Sardellenfilets mit drei Esslöffeln Öl kurz anbraten und vier Esslöffel Wasser zugeben. Wenn sich die Sardellen aufgelöst haben, die Pfanne vom Herd nehmen. Nun für die Orecchiette einen großen Topf mit Wasser aufsetzen. Wenn das Wasser zu kochen beginnt, eine Handvoll grobes Salz einstreuen und die Pasta hineingeben. Nach etwa 7-8 Minuten den Kohl hinzufügen und beides gemeinsam fertigkochen. Kurz vor dem Abseihen der Pasta den Sud in der Pfanne wieder erhitzen. Orecchiette, wenn möglich, durch ein feinmaschiges Nudelsieb abseihen, damit auch die kleineren Stücke der Cima di rapa aufgefangen werden. Alles in die Pfanne zu dem Sardellensud geben und gut mischen. Mit etwas frisch gemahlenem Pfeffer würzen und sofort servieren.
Für dieses Rezept eignen sich auch Casarecce siciliane.

Vorbereitung: 15 Minuten + Garzeit: 12 Minuten
Schwierigkeitsgrad: niedrig

PENNE RIGATE ALL'ARRABBIATA

ZUTATEN FÜR 4 PERSONEN

300 g Penne rigate
600 g Tomatenfruchtfleisch oder Dosentomaten
30 ml natives Olivenöl extra
20 g gehackte glatte Petersilie
2 Knoblauchzehen, geschält
1 rote Chilischote
Salz

ZUBEREITUNG

Öl in einen Topf geben und den in Scheiben geschnittenen Knoblauch mit Chili leicht anbraten, aber nicht zu dunkel werden lassen. Wird eine frische Chilischote verwendet, sollte diese in Scheiben geschnitten, eine getrocknete am besten mit Einmalhandschuhen zerbröselt werden. Sobald Knoblauch und Chili goldbraun angebraten sind, zerkleinerte Dosentomaten oder Tomatenfruchtfleisch zugeben, salzen und bei starker Hitze etwa 15 Minuten kochen lassen und dabei gelegentlich umrühren. In der Zwischenzeit die Penne rigate in kochendem Salzwasser garen. Wenn diese al dente gekocht sind, abgießen, mit der Sauce anrichten und die gehackte glatte Petersilie darüber streuen.
Für dieses Rezept eignen sich auch Tortiglioni.

Vorbereitung: 30 Minuten + Garzeit: 11 Minuten
Schwierigkeitsgrad: niedrig

PIPE RIGATE MIT RAUKE UND KARTOFFELN

ZUTATEN FÜR 4 PERSONEN

300 g Pipe rigate
500 g Kartoffeln
100 g Tomatenfruchtfleisch
80 g Rauke
40 ml natives Olivenöl extra
1 Knoblauchzehe
Salz und frisch gemahlener Pfeffer

ZUBEREITUNG

Rauke verlesen und waschen. Kartoffeln schälen, waschen und in etwa 1,5 Zentimeter große Würfel schneiden und in reichlich kochendes Salzwasser geben. Nach etwa 4-5 Minuten die Pipe rigate hinzufügen. In der Zwischenzeit in einem Topf 30 Milliliter Öl mit der geschälten, zerdrückten Knoblauchzehe erhitzen. 50 Gramm Rauke zugeben und eine Minute anbraten. Die Tomaten hinzufügen, mit Salz und Pfeffer würzen und die Hitze reduzieren. Wenn die Pasta al dente gegart ist, mit den Kartoffeln abgießen, zu der Sauce in die Pfanne geben und auf dem Herd wenige Minuten einkochen lassen. Auf Teller füllen und mit der restlichen Rauke und einigen Tropfen Olivenöl anrichten. Für dieses Rezept eignen sich auch Conchiglie rigate.

Vorbereitung: 20 Minuten + Garzeit: 12 Minuten
Schwierigkeitsgrad: niedrig

REGINETTE MIT PILZEN

ZUTATEN FÜR 4 PERSONEN

300 g Reginette
400 g gemischte Waldpilze
30 ml natives Olivenöl extra
20 g gehackte glatte Petersilie
1 Knoblauchzehe
Salz und frisch gemahlener Pfeffer

ZUBEREITUNG

Pilze säubern und in Scheiben schneiden. Den zerkleinerten Knoblauch und die Petersilie in Öl in einer Pfanne kurz anbraten. Die Pilze zugeben und 5 Minuten braten. Sie sollten noch knackig sein. Salzen und pfeffern. Reginette in reichlich kochendem Salzwasser garen. Wenn sie al dente gekocht sind, abgießen und in die Pfanne zu den Pilzen geben. Bei mäßiger Hitze einige Minuten gut durchmischen und sofort servieren. Für dieses Rezept eignen sich auch Maniche rigate.

Vorbereitung: 20 Minuten + Garzeit: 9 Minuten
Schwierigkeitsgrad: niedrig

SPACCATELLE MIT GEMÜSERAGOUT

ZUTATEN FÜR 4 PERSONEN

300 g Spaccatelle
200 g Tomaten
100 g Auberginen
150 g Zucchini
150 g rote Paprika
150 g gelbe Paprika
100 g Karotte
50 g Lauch
50 g Staudensellerie
35 g Schalotten
50 ml natives Olivenöl extra
4-5 Basilikumblätter
Salz

ZUBEREITUNG

Alle Gemüsesorten putzen und waschen. Auberginen in kleine Würfel schneiden, in ein Sieb legen, mit Salz bestreuen und ziehen lassen, bis sich Flüssigkeit bildet. Karotte, Staudensellerie, Paprika und Zucchini ebenfalls in kleine Würfel schneiden. Den weißen Teil der Lauchstange in Ringe schneiden und mit Staudensellerie und Karotte in Öl goldbraun braten. Das übrige, geschnittene Gemüse unter Berücksichtigung der individuellen Kochzeiten zugeben und salzen. Zum Schluss die frischen, gehäuteten, entkernten und in Würfel geschnittenen Tomaten zugeben und noch einige Minuten weiterköcheln lassen. Zum Schluss mit dem gewaschenen, abgetupften und grob zerkleinerten Basilikum würzen. Die Spaccatelle in reichlich kochendem Salzwasser al dente garen, abgießen und mit dem Gemüseragout anrichten. Für dieses Rezept eignen sich auch Tortiglioni.

Vorbereitung: 40 Minuten + Garzeit: 9 Minuten
Schwierigkeitsgrad: mittel

VERMICELLI IN TOMATENSAUCE

ZUTATEN FÜR 4 PERSONEN

300 g Vermicelli
600 g Tomatenfruchtfleisch oder Dosentomaten
100 g Zwiebeln
30 ml natives Olivenöl extra
8 Basilikumblätter
1 Knoblauchzehe
Salz und frisch gemahlener Pfeffer

ZUBEREITUNG

In einem Topf etwas Öl erhitzen und die geschälten, fein geschnittenen Zwiebeln sowie die ganze, geschälte Knoblauchzehe darin anschwitzen. Wenn die Zwiebeln Farbe annehmen, die zerkleinerten Dosentomaten oder das Tomatenfruchtfleisch hinzufügen und mit Salz und Pfeffer würzen. Die Sauce unter gelegentlichem Umrühren bei starker Hitze etwa 20 Minuten kochen lassen. Anschließend Knoblauch herausnehmen und das gewaschene, trocken getupfte und grob zerkleinerte Basilikum zugeben. Die Vermicelli in reichlich kochendem Salzwasser al dente garen, abgießen und mit der Tomatensauce anrichten.
Für dieses Rezept eignen sich auch Spaghetti.

Vorbereitung: 30 Minuten + Garzeit: 13 Minuten
Schwierigkeitsgrad: niedrig

VERMICELLINI MIT KNOBLAUCH, ÖL UND CHILI

ZUTATEN FÜR 4 PERSONEN

300 g Vermicelli
70 ml natives Olivenöl extra
1 TL gehackte glatte Petersilie
1 Knoblauchzehe
frischer roter Chili, Menge nach Belieben
Salz

ZUBEREITUNG

Geschälten Knoblauch in Scheiben, Chili in Ringe schneiden und Petersilie hacken. Eine große, flache Pfanne mit Öl auf den Herd stellen und bei mittlerer Hitze erwärmen. Kurz darauf Knoblauch, Petersilie und Chili dazugeben. Die Nudeln mit reichlich kochendem Salzwasser aufsetzen und garen. Wenn die Mischung in der Pfanne leicht Farbe angenommen hat, mit einer Schöpfkelle Nudelwasser ablöschen und vom Herd nehmen. Die Vermicelli vorsichtig abgießen und in die Pfanne zu dem Bratsud geben, damit sie gut dessen Geschmack annehmen. Sofort servieren.
Für dieses Rezept eignen sich auch Spaghetti.

Vorbereitung: 10 Minuten + Garzeit: 11 Minuten
Schwierigkeitsgrad: niedrig

PASTA MIT FISCH UND MEERESFRÜCHTEN

BAVETTINE
MIT VENUSMUSCHELN

ZUTATEN FÜR 4 PERSONEN

300 g Bavettine
1 kg Venusmuscheln
100 ml natives Olivenöl extra
1 EL gehackte glatte Petersilie
1 Knoblauchzehe
Salz und frisch gemahlener Pfeffer

ZUBEREITUNG

Die Venusmuscheln sorgfältig waschen, mit einem Esslöffel Öl in einen großen Topf legen und zugedeckt bei mittlerer Hitze ziehen lassen. Wenn sich die Muscheln öffnen (nach etwa 2-3 Minuten), den Topf vom Herd nehmen und einen Teil der Schalen entfernen. Den Muschelsud abseihen, mit den Muscheln zurück in den Topf geben und beiseitestellen. Öl und fein geschnittenen Knoblauch in eine Pfanne geben. Wenn er Farbe annimmt, die Venusmuscheln mit dem Sud zugeben und erneut zum Kochen bringen. Mit Salz und Pfeffer abschmecken. In der Zwischenzeit die Nudeln in reichlich kochendem Salzwasser al dente garen und so abgießen, dass sie noch gut feucht sind. Mit dem Venusmuschelsud vermengen.
Für dieses Rezept eignen sich auch Spaghetti.

Vorbereitung: 20 Minuten + Garzeit: 6 Minuten
Schwierigkeitsgrad: niedrig

CASARECCE SICILIANE MIT SARDELLEN UND FENCHELGRÜN

ZUTATEN FÜR 4 PERSONEN

300 g Casarecce Siciliane
200 g Sardellen, frisch
30 ml natives Olivenöl extra
2 Bund Fenchelgrün, wildes
1 Knoblauchzehe
40 g getrocknete Aprikosen
20 g Pinienkerne
20 g Pistazienkerne
30 g gehackte glatte Petersilie
2 EL Semmelbrösel
Salz und frisch gemahlener Pfeffer

ZUBEREITUNG

Einen Esslöffel Öl in einer beschichteten Pfanne erhitzen und die Semmelbrösel darin rösten. In einer weiteren großen Pfanne das restliche Öl mit der geschälten, ganzen Knoblauchzehe bei mittlerer Temperatur erhitzen. Die zuvor gewaschenen, entgräteten und filetierten Sardellen zugeben und einige Minuten anbraten. Nun die in Streifen geschnittenen Aprikosen hinzufügen - falls diese zu trocken sein sollten, vor dem Schneiden einige Minuten in Wasser einweichen. Eine weitere Minute kochen lassen. Dann das gehackte Fenchelgrün, die Pinien- und Pistazienkerne und die Petersilie zugeben. Nach 30 Sekunden vom Herd nehmen, die Knoblauchzehe herausnehmen und die Pfanne beiseitestellen. Mit Salz und frisch gemahlenem Pfeffer abschmecken. In der Zwischenzeit die Casarecce in reichlich kochendem Salzwasser garen. Wenn die auf der Packung angegebene Garzeit um ist, abgießen und in der Sardellensauce schwenken. Mit den gerösteten Semmelbröseln bestreuen und sofort servieren. Für dieses Rezept eignen sich auch Sedanini rigati.

Vorbereitung: 25 Minuten + Garzeit: 9 Minuten
Schwierigkeitsgrad: mittel

CONCHIGLIE RIGATE MIT SEEHECHT, DICKEN BOHNEN UND OLIVEN

ZUTATEN FÜR 4 PERSONEN

300 g Conchiglie rigate
250 g Seehechtfilet
200 g frische dicke Bohnen, geschält
200 g Kirschtomaten
50 g schwarze Oliven, entsteint
30 g Zwiebeln
30 ml natives Olivenöl extra
20 g gehackte glatte Petersilie
4 Basilikumblätter
1 Knoblauchzehe
Salz und frisch gemahlener Pfeffer

ZUBEREITUNG

Öl in eine Pfanne geben und die geschälte, fein gewürfelte Zwiebel und die geschälte, ganze Knoblauchzehe darin anbraten. Wenn beides Farbe angenommen hat, den in Stücke geschnittenen Seehecht zugeben, eine Minute anbraten und dann die gewaschenen, geviertelten Kirschtomaten hinzufügen. Salzen und pfeffern. Dicke Bohnen blanchieren, die Bohnenkerne herauslösen und zum Sud geben. Mit einer Schöpfkelle Wasser ablöschen und weitere 10 Minuten kochen lassen. Schließlich die entsteinten und grob geschnittenen Oliven zugeben.
In der Zwischenzeit die Conchiglie rigate in kochendem Salzwasser al dente garen, abgießen und zu dem Sud in die Pfanne geben. Gehackte Petersilie und klein geschnittenes Basilikum hinzufügen.
Für dieses Rezept eignen sich auch Tortiglioni.

Vorbereitung: 50 Minuten + Garzeit: 12 Minuten
Schwierigkeitsgrad: niedrig

FUSILLI MIT LACHS UND KIRSCHTOMATEN

ZUTATEN FÜR 4 PERSONEN

300 g Fusilli
450 g Lachsfilet
300 g Kirschtomaten
100 g Zwiebeln
30 ml natives Olivenöl extra
Salz und frisch gemahlener Pfeffer

ZUBEREITUNG

Mithilfe eines scharfen Messers die Haut vom Fisch lösen und das Filet in Würfel schneiden. Zwiebeln schälen und nicht zu fein schneiden. Öl in einer Pfanne erhitzen, Zwiebeln hineingeben und einige Minuten bei niedriger Hitze anschwitzen. Temperatur erhöhen, die Lachswürfel zugeben und einige Minuten bei starker Hitze bräunen. Salzen und pfeffern. Die gewaschenen und halbierten bzw. geviertelten Tomaten, je nach Größe, hinzufügen und fünf Minuten bei mittlerer Hitze köcheln lassen. Falls erforderlich, eine kleine Schöpfkelle Wasser zugeben. Nach Belieben mit Salz und Pfeffer würzen. In der Zwischenzeit Fusilli in einem mit kochendem Salzwasser gefüllten Topf entsprechend der Packungsanweisung garen. Nach Ende der Garzeit die Pasta abgießen und in die Pfanne geben. Etwa eine Minute lang in der Pfanne schwenken, damit sie sich gut mit der Sauce vermischt. Für dieses Rezept eignen sich auch Penne lisce.

Vorbereitung: 20 Minuten + Garzeit: 11 Minuten
Schwierigkeitsgrad: niedrig

GNOCCHETTI SARDI MIT ZACKENBARSCH IN SCHARFER SAUCE

ZUTATEN FÜR 4 PERSONEN

300 g Gnocchetti Sardi
250 g Zackenbarschfilet
450 g Tomatenfruchtfleisch
30 ml natives Olivenöl extra
1 Knoblauchzehe
roter Chili, Menge nach Belieben
Salz

ZUBEREITUNG

Mithilfe eines scharfen Messers die Haut vom Fisch lösen und das Filet in Würfel schneiden. Die Knoblauchzehe schälen, das Innere herauslösen und den Rest fein würfeln. Das Öl in einer Pfanne erhitzen, Knoblauch und fein geschnittenen Chili hinzufügen. Etwa eine halbe Minute anbraten und dabei aufpassen, dass der Knoblauch nicht zu dunkel wird. Den in Würfel geschnittenen Fisch zugeben. Umrühren und mit einer Prise Salz würzen. Wenn der Fisch Farbe annimmt, das Tomatenfruchtfleisch in die Pfanne geben, umrühren und einige Minuten köcheln lassen. Nach Geschmack salzen. In der Zwischenzeit die Gnocchetti in einem mit kochendem Salzwasser gefüllten Topf entsprechend der Packungsanweisung garen.
Nach Ende der Garzeit die Pasta abgießen und in die Pfanne geben. Etwa eine Minute lang sautieren, damit sie sich gut mit der Sauce vermischt.
Für dieses Rezept eignen sich auch Penne rigate.

Vorbereitung: 30 Minuten + Garzeit: 11 Minuten
Schwierigkeitsgrad: niedrig

50.000
• UNITÀ SCOVILLE •
ACADEMIA BARILLA
PEPERONCINO COLTIVATO, RACCOLTO, ESSICCATO E MACINATO IN ITALIA 2011
30.000
• UNITÀ SCOVILLE •
ACADEMIA BARILLA

SALAT VON VOLLKORN-PENNETTE MIT FRISCHEM THUNFISCH

ZUTATEN FÜR 4 PERSONEN

300 g Vollkorn-Pennette
300 g frischer Thunfisch
200 g Tomaten
150 g Champignons
100 g Spargel
60 ml natives Olivenöl extra
1 Knoblauchzehe
Oregano
Salz und frisch gemahlener Pfeffer

ZUBEREITUNG

Vollkorn-Pennette in kochendem Salzwasser garen. Wenn Sie al dente sind, vom Herd nehmen und zum Abkühlen den Topf unter fließendes kaltes Wasser halten. Anschließend die Nudeln abgießen, in eine große Schüssel geben und etwas Öl darübergießen, damit sie nicht zusammenkleben. Die Spargelstangen waschen, auf gleiche Länge bringen, holzige Enden abschneiden. Zu einem Bund zusammenbinden und in kochendem Salzwasser mit den Spitzen nach oben etwa 10-15 Minuten garen. Der Spargel sollte noch bissfest sein. Anschließend abgießen, abkühlen lassen und der Länge nach mittig durchschneiden oder in Rhomben schneiden. Die übrigen Tomaten waschen, entkernen und würfeln. Die Pilze putzen und in Scheiben schneiden. Einige Minuten mit einem Esslöffel Öl und der geschälten, ganzen Knoblauchzehe in der Pfanne sautieren. Salzen und pfeffern. Den Thunfisch in etwa zwei Zentimeter große Würfel schneiden und mit zwei Esslöffeln Öl einige Minuten in der Pfanne rosa braten. Spargel, Tomaten, Pilze und gewürfelten Thunfisch zu den Pennette geben. Mit dem restlichen Öl und einer Prise Oregano würzen und nach Belieben mit weiterem Salz und Pfeffer abschmecken. Für dieses Rezept eignen sich auch Mezze penne.

Vorbereitung: 30 Minuten + Garzeit: 9 Minuten
Schwierigkeitsgrad: mittel

LINGUINE ALLO SCOGLIO

ZUTATEN FÜR 4 PERSONEN

300 g Linguine
400 g Miesmuscheln
400 g Venusmuscheln
100 g Tintenfischringe
4 Krebsschwänze
4 Scampi
4 Tintenschnecken
150 g Tomaten
150 ml Weißwein
40 ml natives Olivenöl extra
1 Knoblauchzehe
1 EL gehackte glatte Petersilie
1 Bund Basilikum
Salz und frisch gemahlener Pfeffer

ZUBEREITUNG

Öl in einer Pfanne mit dem Knoblauch, der gehackten Petersilie und dem klein geschnittenen Basilikum erhitzen. Miesmuscheln putzen, d. h. den Bart entfernen und abbürsten, Venusmuscheln säubern und gut waschen und beides mit dem Weißwein in die Pfanne geben. Zugedeckt so lange garen, bis sich die Muscheln öffnen. Wenn sie sich geöffnet haben, aus der Pfanne heben, etwa 3/4 aus der Schale lösen und in eine Schüssel legen. Tintenfischringe, Tintenschnecken, ganze Scampi, Krebsschwänze und entkernte, in Stücke geschnittene Tomaten in dieselbe Pfanne geben und köcheln lassen. Nach einigen Minuten die Mies- und Venusmuscheln zugeben. Mit Salz und frisch gemahlenem Pfeffer abschmecken. Die Sauce muss ein wenig flüssig bleiben. Die Linguine in reichlich kochendem Salzwasser al dente garen, abgießen und in die Pfanne mit der Fischsauce geben. Für dieses Rezept eignen sich auch Bavette.

Vorbereitung: 30 Minuten + Garzeit: 9 Minuten
Schwierigkeitsgrad: mittel

MEZZE MANICHE RIGATE MIT VENUSMUSCHELN UND KICHERERBSEN

ZUTATEN FÜR 4 PERSONEN

300 g Mezze maniche rigate
100 g getrocknete Kichererbsen (oder 250 g gekochte)
800 g Venusmuscheln
20 g gehackte glatte Petersilie
60 ml natives Olivenöl extra
4-5 Basilikumblätter
1 Knoblauchzehe
roter Chili, fein geschnitten, Menge nach Belieben
Salz und frisch gemahlener Pfeffer

ZUBEREITUNG

Kichererbsen 12 Stunden in Wasser einweichen. In einem Topf mit kaltem Wasser aufsetzen und etwa eine Stunde bzw. bis sie weich sind, kochen. Ersatzweise können gekochte Kichererbsen aus der Dose verwendet werden. In der Zwischenzeit die geschälte Knoblauchzehe, Chili und gehackte Petersilie mit der Hälfte des Olivenöls in der Pfanne anschwitzen. Gesäuberte und unter fließendem Wasser gut gewaschene Venusmuscheln zugeben und garen, bis sie sich öffnen. Wenn sich die Muscheln geöffnet haben, Sud abseihen und einen Teil der Schalen entfernen. Kichererbsen nach Ende der Kochzeit abgießen und in einer Schüssel mit der Gabel zerdrücken (oder pürieren, wenn die Konsistenz cremiger sein soll) und dabei etwas Sud von den Venusmuscheln und die andere Hälfte Öl zugeben. Mit einer Prise Salz und Pfeffer abschmecken. Mezze maniche rigate in kochendem Salzwasser al dente garen, abseihen, mit der Kichererbsencreme mischen und unter Zugabe des in Streifen geschnittenen Basilikums in der Pfanne mit den Venusmuscheln sautieren. Für dieses Rezept eignen sich auch Rigatoni.

eitung: 1 Stunde + Garzeit: 12 Minuten + Einweichzeit 12 Stunden
Schwierigkeitsgrad: mittel

MEZZE MANICHE RIGATE „MARI E MONTI“

ZUTATEN FÜR 4 PERSONEN

300 g Mezze maniche rigate
20 Garnelen
150 g frischer Thunfisch oder Schwertfisch
200 g Champignons
100 g Tomaten
60 ml natives Olivenöl extra
20 g gehackte glatte Petersilie
1 Knoblauchzehe
Salz und frisch gemahlener Pfeffer

ZUBEREITUNG

Die Pilze putzen und in Scheiben schneiden. Knoblauch schälen und fein würfeln. Garnelen säubern und schälen, nach Belieben das letzte Schwanzglied ungeschält lassen. Das Thunfisch- oder Schwertfischfilet in etwa 1,5 Zentimeter große Würfel schneiden. Die Mezze maniche rigate in reichlich kochendem Salzwasser garen. In der Zwischenzeit die Hälfte des Öls in eine Pfanne geben und Fisch und Garnelen darin anbraten. Salzen und pfeffern. Umfüllen und beiseitestellen. Das restliche Öl in dieselbe Pfanne geben und erhitzen. Knoblauch anbraten und, sobald er Farbe annimmt, die Pilze zugeben. Einige Minuten köcheln lassen, die entkernten, gewürfelten Tomaten hinzufügen und weitere zwei Minuten ziehen lassen. Falls erforderlich etwas Nudelwasser angießen. Garnelen und Fisch zugeben. Wenn die Pasta al dente gekocht ist, vorsichtig abgießen und unter Zugabe der gehackten Petersilie in der Sauce schwenken. Für dieses Rezept eignen sich auch Penne rigate.

Vorbereitung: 20 Minuten + Garzeit: 14 Minuten
Schwierigkeitsgrad: niedrig

SEDANINI RIGATI MIT MIESMUSCHELN UND ROHEN TOMATEN

ZUTATEN FÜR 4 PERSONEN

300 g Sedanini rigati
550 g Strauchtomaten
800 g Miesmuscheln
60 ml natives Olivenöl extra
30 g Zwiebeln
20 g gehackte glatte Petersilie
4-5 Basilikumblätter
1 Knoblauchzehe
frischer roter Chili, Menge nach Belieben
Salz und frisch gemahlener Pfeffer

ZUBEREITUNG

Die geschälte, fein gewürfelte Zwiebel, geschälte ganze Knoblauchzehe, fein geschnittene Chilischote und gehackte Petersilie mit Olivenöl in der Pfanne leicht bräunen. Miesmuscheln unter fließendem Wasser abbürsten, den Bart entfernen, in die Pfanne geben und solange ziehen lassen, bis sie sich öffnen. Wenn sich die Muscheln geöffnet haben, Sud abseihen und die Schalen entfernen. Tomaten pürieren, salzen und pfeffern und das Püree zu den Miesmuscheln geben. Sedanini rigati in kochendem Salzwasser al dente garen und gleichzeitig die Muschelsauce erwärmen - aber nicht stark kochen lassen. Die Pasta abgießen, in die Pfanne geben und kurz darin schwenken. Das zuvor gewaschene, trocken getupfte und klein geschnittene Basilikum zugeben. Für dieses Rezept eignen sich auch Mezze penne.

Vorbereitung: 1 Stunde + Garzeit: 12 Minuten
Schwierigkeitsgrad: mittel

SPAGHETTI MIT SEPIATINTE

ZUTATEN FÜR 4 PERSONEN

300 g Spaghetti
400 g San Marzano-Tomaten
15 g Sepiatinte
35 ml natives Olivenöl extra
30 g gehackte glatte Petersilie
1 Knoblauchzehe
frischer roter Chili, Menge nach Belieben
Salz

ZUBEREITUNG

Tomaten waschen, entkernen und würfeln. Knoblauchzehe schälen und Chilischote fein schneiden. Die Spaghetti in reichlich kochendem Salzwasser garen. In der Zwischenzeit Knoblauch in einer Pfanne mit dem Öl erhitzen, Petersilie (etwas für die Garnitur beiseitestellen) und Chili zugeben. Eine Minute anbraten, dann die gewürfelten Tomaten zugeben. Eine weitere Minute köcheln lassen, die Sepiatinte zugeben und eine kleine Schöpfkelle Nudelwasser angießen. Langsam bei niedriger Hitze 2-3 Minuten einkochen lassen und mit Salz abschmecken. Wenn die Spaghetti al dente gekocht sind, abgießen und in die Pfanne geben. Alles kurz sautieren, eine Handvoll Petersilie darüber streuen und sofort servieren.
Für dieses Rezept eignen sich auch Linguine.

Vorbereitung: 5 Minuten + Garzeit: 8 Minuten
Schwierigkeitsgrad: niedrig

VOLLKORN-SPAGHETTI MIT SCAMPI

ZUTATEN FÜR 4 PERSONEN

300 g Vollkornspaghetti
12 Scampi
200 g Kirschtomaten
60 ml natives Olivenöl extra
30 ml Weißwein
30 g gehackte glatte Petersilie
1 Knoblauchzehe
1 rote Chilischote, fein geschnitten
Salz

ZUBEREITUNG

Die Hälfte des Öls mit der geschälten, ganzen Knoblauchzehe in einer Pfanne erhitzen. Wenn der Knoblauch Farbe annimmt, Chili und Scampi zugeben. Kurz anbraten und dann mit dem Wein ablöschen. Wenn die Flüssigkeit verdunstet ist, die zuvor gewaschenen, abgetrockneten und geviertelten Kirschtomaten hinzufügen. Das Ganze fünf Minuten kochen lassen, mit Salz würzen und die gehackte Petersilie zugeben. In der Zwischenzeit die Vollkorn-Spaghetti in reichlich kochendem Salzwasser garen, al dente abgießen (dabei etwas Nudelwasser auffangen) und in den Topf mit der Scampisauce geben. Mit ein wenig Nudelwasser verrühren und das restliche Olivenöl zugeben. Für dieses Rezept eignen sich auch Bavette.

Vorbereitung: 20 Minuten + Garzeit: 8 Minuten
Schwierigkeitsgrad: mittel

SPAGHETTI MIT BOTTARGA

ZUTATEN FÜR 4 PERSONEN

300 g Spaghetti
60 g Bottarga (gepresste Fischrogen)
100 ml natives Olivenöl extra
1 Knoblauchzehe
Salz und frisch gemahlener Pfeffer

ZUBEREITUNG

Öl mit der geschälten, ganzen Knoblauchzehe in einer großen, flachen Pfanne erhitzen, damit es den Geschmack annimmt. Bevor der Knoblauch dunkel wird, vom Herd nehmen und herausnehmen. Bottarga reiben und mit der Hälfte des Öls vermischen. Nach Belieben mit frisch gemahlenem Pfeffer würzen. Spaghetti in einem Topf mit kochendem Salzwasser al dente garen, abgießen, zu dem Bottarga-Öl-Gemisch geben und gut mischen.
Auf Teller verteilen und die restliche Bottarga darüberreiben oder -hobeln.
Für dieses Rezept eignen sich auch Vermicelli.

Vorbereitung: 5 Minuten + Garzeit: 11 Minuten
Schwierigkeitsgrad: niedrig

TRENETTE MIT ZUCCHINI UND GERÄUCHERTEM SCHWERTFISCH

ZUTATEN FÜR 4 PERSONEN

300 g Trenette
200 g Zucchini
30 g Schalotten
160 g geräucherter Schwertfisch
30 ml natives Olivenöl extra
20 g gehackte glatte Petersilie
abgeriebene Schale von ? Bio-Zitrone
Salz und frisch gemahlener Pfeffer

ZUBEREITUNG

Zucchini putzen und waschen, in etwa zwei Millimeter dicke Scheiben und diese wiederum in Stifte schneiden. Den geräucherten Schwertfisch in ebenso große Stücke schneiden. Schalotten putzen und fein würfeln. Das Öl in eine Pfanne geben, die Schalotten hinzufügen und bei mittlerer Hitze anschwitzen. Temperatur erhöhen und die Zucchini zugeben. Eine Minute sautieren, salzen und pfeffern, vom Herd nehmen und den Schwertfisch hinzufügen. Die Zitrone abspülen, abtrocknen, die Hälfte der Schale abreiben und zur Zucchini-/Schwertfischsauce geben. Trenette in einem mit kochendem Salzwasser gefüllten Topf entsprechend der Packungsanweisung garen. Pasta abgießen (dabei etwas Nudelwasser auffangen) und sofort in die Pfanne mit der Sauce geben. In der Pfanne schwenken, die gehackte Petersilie und nach Belieben auch etwas Nudelwasser zugeben.

Für dieses Rezept eignen sich auch Spaghettini.

Vorbereitung: 15 Minuten + Garzeit: 8 Minuten
Schwierigkeitsgrad: niedrig

PASTA MIT FLEISCH

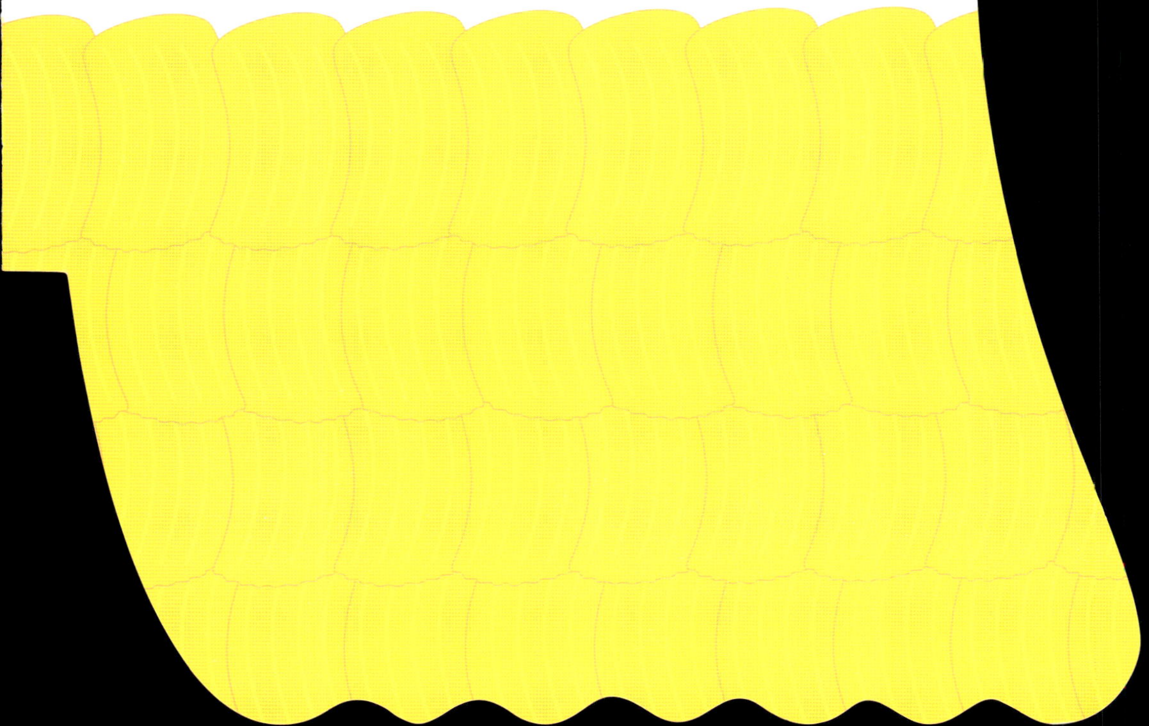

BUCATINI ALL'AMATRICIANA

ZUTATEN FÜR 4 PERSONEN

300 g Bucatini
400 g Tomatenfruchtfleisch
150 g Schweinebacke oder Pancetta
(ungeräucherter Schweinespeck)
40 g frisch geriebener Pecorino romano
1 rote Chilischote, getrocknet
Salz und frisch gemahlener Pfeffer

ZUBEREITUNG

Das Schweinefleisch in Streifen schneiden, in eine Pfanne geben, ganz wenig Wasser zugeben und bei starker Hitze auslassen. Fleisch aus der Pfanne nehmen und beiseitestellen. Das Tomatenfruchtfleisch, die zerbröselte Chilischote, eine Prise Salz und etwas frisch gemahlenen Pfeffer zu dem ausgelassenen Fett geben. Alles ungefähr 10 Minuten köcheln lassen. Schweinefleisch zur Tomatensauce geben und darin erhitzen. In der Zwischenzeit die Bucatini in kochendem Salzwasser al dente garen und abgießen. Sauce und frisch geriebenen Pecorino zugeben. Gut mischen und heiß servieren.
Für dieses Rezept eignen sich auch Spaghetti.

Vorbereitung: 15 Minuten + Garzeit: 8 Minuten
Schwierigkeitsgrad: niedrig

FUSILLI MIT SPECK UND RADICCHIO

ZUTATEN FÜR 4 PERSONEN

300 g Fusilli
30 ml natives Olivenöl extra
250 g Radicchio
120 g Speck
150 g Schlagsahne
40 g Schalotten
Salz und frisch gemahlener Pfeffer

ZUBEREITUNG

Öl in einer Pfanne erhitzen und Schalotte, geschält und gewürfelt, zugeben. 3-4 Minuten bei niedriger Hitze anschwitzen und den in Streifen geschnittenen Speck zugeben. Weitere 2-3 Minuten bei mittlerer Hitze Farbe annehmen lassen und den gewaschenen, ebenfalls in Streifen geschnittenen Radicchio hinzufügen. 5 Minuten kochen lassen, die Sahne hinzufügen und mit Salz und Pfeffer abschmecken. Bei niedriger Hitze nach Belieben einkochen lassen. In der Zwischenzeit die Fusilli in kochendem Salzwasser al dente garen, abgießen und in die Pfanne mit der Sauce geben. Alles gut mischen. Für dieses Rezept eignen sich auch Sedanini rigati.

Vorbereitung: 20 Minuten + Garzeit: 12 Minuten
Schwierigkeitsgrad: mittel

GRAMIGNA MIT SALSICCIA UND PAPRIKA

ZUTATEN FÜR 4 PERSONEN

300 g Gramigna
300 g Salsiccia (italienische Bratwurst), ersatzweise deutsche grobe Bratwurst
180 g Zwiebeln
300 g Tomatenfruchtfleisch
100 g rote Paprika
100 g gelbe Paprika
100 g schwarze Oliven, entsteint
60 ml natives Olivenöl extra
Salz und frisch gemahlener Pfeffer

ZUBEREITUNG

Zwiebeln schälen, fein würfeln und in einem Topf mit der Hälfte des Öls anschwitzen. Paprika waschen, Kerne und das weiße Innengehäuse entfernen und in Rauten schneiden. Zwiebeln goldbraun braten und Paprika zugeben. Die Salsiccia aus der Pelle drücken, mit den Händen auseinanderzupfen und in einer Pfanne mit dem restlichen Öl braten. Wenn das Brät goldbraun ist, das flüssige Fett abgießen und zu den Paprika geben. Tomatenfruchtfleisch in die Sauce geben, mit Salz und Pfeffer abschmecken und weitere 15 Minuten köcheln lassen. Zum Schluss die schwarzen Oliven hinzufügen. Die Gramigna in reichlich kochendem Salzwasser al dente garen, abgießen und mit der Salsiccia-/Paprikasauce vermengen.
Für dieses Rezept eignen sich auch Tortiglioni.

Vorbereitung: 30 Minuten + Garzeit: 5 Minuten
Schwierigkeitsgrad: mittel

PENNE LISCE MIT KÜRBIS UND PANCETTA

ZUTATEN FÜR 4 PERSONEN

300 g Penne lisce
650 g Kürbis
200 g Pancetta (ungeräucherter Schweinespeck)
50 g Zwiebeln
25 g Butter
frischer Thymian, ersatzweise getrocknet
Salz und frisch gemahlener Pfeffer

ZUBEREITUNG

Kürbis aufschneiden, die Kerne entfernen, das Fruchtfleisch herauslösen und in 1 Zentimeter große Würfel schneiden. Die Hälfte der Kürbiswürfel mit den Zwiebeln und einer Prise Salz in einen Topf geben und mit Wasser bedecken. Zum Kochen bringen. Wenn das Gemüse gar ist, im Mixer cremig pürieren. Pancetta in nicht zu dicke Scheiben schneiden und im Ofen bei 150° C knusprig backen. Butter mit dem abgezupften Thymian bei mittlerer Hitze in einer Pfanne erwärmen, die restlichen Kürbiswürfel zugeben, sautieren und nach Belieben salzen und pfeffern. Die pürierte Kürbisceme dazugeben. Penne lisce in reichlich kochendem Salzwasser al dente garen und in der Sauce schwenken. Auf Teller verteilen und mit der knusprigen Pancetta servieren. Für dieses Rezept eignen sich auch Farfalle.

Vorbereitung: 30 Minuten + Garzeit: 8 Minuten
Schwierigkeitsgrad: niedrig

RIGATONI MIT SALSICCIA UND SAFRAN

ZUTATEN FÜR 4 PERSONEN

300 g Rigatoni
300 g Salsiccia (italienische Bratwurst), ersatzweise deutsche grobe Bratwurst
150 g Lauch
150 g Schlagsahne
60 ml natives Olivenöl extra
0,5 g Safran
Salz und frisch gemahlener Pfeffer

ZUBEREITUNG

Lauch putzen, den weißen Teil der Stange in feine Streifen schneiden und bei niedriger Hitze mit der Hälfte des Öls in einer Pfanne anbraten. In der Zwischenzeit die Wurst aus der Pelle drücken, mit den Händen auseinanderzupfen und in einer anderen Pfanne mit dem restlichen Öl braten. Wenn sie goldbraun ist, das flüssige Fett entfernen und das Brät zu dem Lauch geben. 5 Minuten köcheln lassen und wenn die Masse zu trocken wird, einige Löffel Wasser hinzufügen. Sahne und Safran zugeben, mit Salz und Pfeffer abschmecken und warm stellen. In der Zwischenzeit die Nudeln in reichlich kochendem Salzwasser al dente garen, abgießen und zur Sauce in die Pfanne geben. Bei mäßiger Hitze einige Minuten gut durchmischen und sofort servieren. Für dieses Rezept eignen sich auch Orecchiette.

Vorbereitung: 30 Minuten + Garzeit: 11 Minuten
Schwierigkeitsgrad: mittel

SEDANI RIGATI MIT PARMASCHINKEN UND BALSAMESSIG

ZUTATEN FÜR 4 PERSONEN

300 g Sedani rigati
120 g Parmaschinken
50 g Butter
40 g Parmesankäse, gehobelt
40 ml Aceto balsamico di Modena I.G.P. (Balsamessig)
4 Zweige Thymian
Salz

ZUBEREITUNG

Die Sedani rigati in reichlich kochendem Salzwasser garen. In der Zwischenzeit die Butter in einer beschichteten Pfanne zerlassen. Wenn sie flüssig ist, den rohen, in 2-3 Millimeter breite Streifen geschnittenen Schinken hinzufügen. Einige Minuten goldbraun braten, den Aceto balsamico angießen und weitere 3-4 Minuten einkochen lassen, bis eine sirupartige Konsistenz erreicht ist. Wenn die Sedani rigati al dente gekocht sind, abgießen, mit der Sauce mischen und die Thymianblätter hinzufügen. Auf Teller verteilen und mit dem frisch gehobelten Parmesan bestreuen. Für dieses Rezept eignen sich auch Penne rigate.

Vorbereitung: 15 Minuten + Garzeit: 12 Minuten
Schwierigkeitsgrad: niedrig

SPACCATELLE MIT PILZEN, BRESAOLA UND RAUKE

ZUTATEN FÜR 4 PERSONEN

300 g Spaccatelle
200 g Champignons
200 g Schlagsahne
100 g Bresaola, geschnitten, ersatzweise Bündner Fleisch
100 g Tomatenfruchtfleisch
50 g Rauke
40 g frisch geriebener Parmesan
30 ml natives Olivenöl extra
20 g gehackte glatte Petersilie
1 Knoblauchzehe
Salz und frisch gemahlener Pfeffer

ZUBEREITUNG

Pilze abbürsten, putzen und in Scheiben schneiden. Die Bresaola in feine Streifen schneiden. Rauke waschen und grob zerkleinern. Nach Belieben einige Blätter zum Garnieren beiseitestellen. Öl mit der ganzen, geschälten Knoblauchzehe in die Pfanne geben und erhitzen. Pilze zugeben, einige Minuten sautieren und dabei die gehackte Petersilie einstreuen. Salzen und pfeffern. Bresaola hinzufügen, einige Sekunden durchziehen lassen und das Tomatenfruchtfleisch zugeben. 5 Minuten bei starker Hitze kochen lassen. Sahne angießen, Temperatur drosseln und 2-3 Minuten einkochen lassen. Mit Salz und frisch gemahlenem Pfeffer abschmecken. In der Zwischenzeit die Nudeln in reichlich kochendem Salzwasser al dente garen, abgießen und zur Sauce geben. Alles in der Pfanne schwenken und die Rauke zugeben. Mit dem frisch geriebenen Parmesan abrunden und mit einem Blatt roher Rauke oder Pilzscheiben garnieren. Für dieses Rezept eignen sich auch Casarecce.

Vorbereitung: 50 Minuten + Garzeit: 9 Minuten
Schwierigkeitsgrad: niedrig

SPAGHETTI CARBONARA

ZUTATEN FÜR 4 PERSONEN

150 g Schweinebacke (luftgetrocknet) oder Pancetta (ungeräucherter Schweinespeck)
4 Eigelb
100 g frisch geriebener Pecorino romano
Salz und frisch gemahlener schwarzer Pfeffer

ZUBEREITUNG

In einer Schüssel Eigelb mit je einer Prise Salz und Pfeffer und einem Esslöffel geriebenem Pecorino romano verquirlen. Fleisch erst in Scheiben und dann in Streifen oder in etwa zwei Millimeter große Würfel schneiden. In einer großen, flachen Pfanne bei mittlerer Hitze leicht anbraten und das Fett auslassen. Die Spaghetti in reichlich kochendem Salzwasser al dente garen, vorsichtig abgießen und in die Pfanne zu dem Fleisch geben. Kurz sautieren und die Herdplatte abschalten. Das Eigelb mit einer kleinen Schöpfkelle Nudelwasser aufschlagen, zu der Pasta geben und etwa 30 Sekunden mischen. Mit dem restlichen Pecorino bestreuen, ein letztes Mal vermengen, nach Belieben etwas frisch gemahlenen schwarzen Pfeffer zugeben und sofort servieren.
Für dieses Rezept eignen sich auch Vermicelli.

Vorbereitung: 10 Minuten + Garzeit: 8 Minuten
Schwierigkeitsgrad: niedrig

VERMICELLI ALLA GRICIA

ZUTATEN FÜR 4 PERSONEN

300 g Vermicelli
150 g Schweinebacke (luftgetrocknet) oder Pancetta (ungeräucherter Schweinespeck)
50 ml natives Olivenöl extra
40 g frisch geriebener Pecorino romano
Chili, frisch oder getrocknet, fein geschnitten, Menge nach Belieben
Salz und frisch gemahlener schwarzer Pfeffer

ZUBEREITUNG

Das Öl in einer großen Pfanne bei mittlerer Temperatur erhitzen. Das in kleine Stücke geschnittene Fleisch und Chili, nach Belieben, zugeben. 3 Minuten anbraten. In der Zwischenzeit die Vermicelli in kochendem Salzwasser al dente garen und abgießen. Zu dem Fleisch in die Pfanne geben, gut mischen, den frisch geriebenen Pecorino romano und nach Geschmack frisch gemahlenen schwarzen Pfeffer hinzufügen. Für dieses Rezept eignen sich auch Bucatini.

Vorbereitung: 10 Minuten + Garzeit: 13 Minuten
Schwierigkeitsgrad: niedrig

ZITI MIT RAGOUT VON WEISSEN FLEISCH

ZUTATEN FÜR 4 PERSONEN

300 g Ziti
150 g Schweinefleisch
100 g Kaninchenfleisch
100 g Hühnerfleisch
50 g Putenbrust
50 ml Weißwein
50 g Zwiebeln
50 g Karotte
50 g Staudensellerie
100 ml natives Olivenöl extra
1 Zweig Rosmarin
1 Zweig Salbei
1 Lorbeerblatt
frisch geriebene Muskatnuss
Salz und frisch gemahlener Pfeffer

ZUBEREITUNG

Zwiebeln schälen, Staudensellerie und Karotte waschen und alles in Würfel schneiden. Mit der Hälfte des Öls bei mittlerer Hitze in einem Topf anbraten. In der Zwischenzeit das Fleisch in kleine Würfel schneiden, zu dem angebratenen Gemüse geben und bei starker Hitze Farbe annehmen lassen, bis die gesamte Flüssigkeit verdunstet ist. Den Weißwein angießen und warten, bis er verkocht ist. Die Kräuter und das Lorbeerblatt im Ganzen zugeben, weiter kochen lassen und gegebenenfalls etwas Wasser angießen. Salzen, pfeffern und mit einer Prise geriebener Muskatnuss abschmecken. Mit einem Sägemesser die Ziti zwei Mal quer leicht einritzen, damit man sie in jeweils drei Stücke brechen kann. In kochendem Salzwasser garen, abgießen (dabei etwas Nudelwasser auffangen) und mit dem Ragout und etwas Nudelwasser in der Pfanne sautieren. Mit dem restlichen Öl verrühren und sofort servieren. Für dieses Rezept eignen sich auch Rigatoni.

rbereitung: 1 Stunde und 20 Minuten + Garzeit: 9 Minuten
Schwierigkeitsgrad: niedrig

PASTA MIT KÄSE

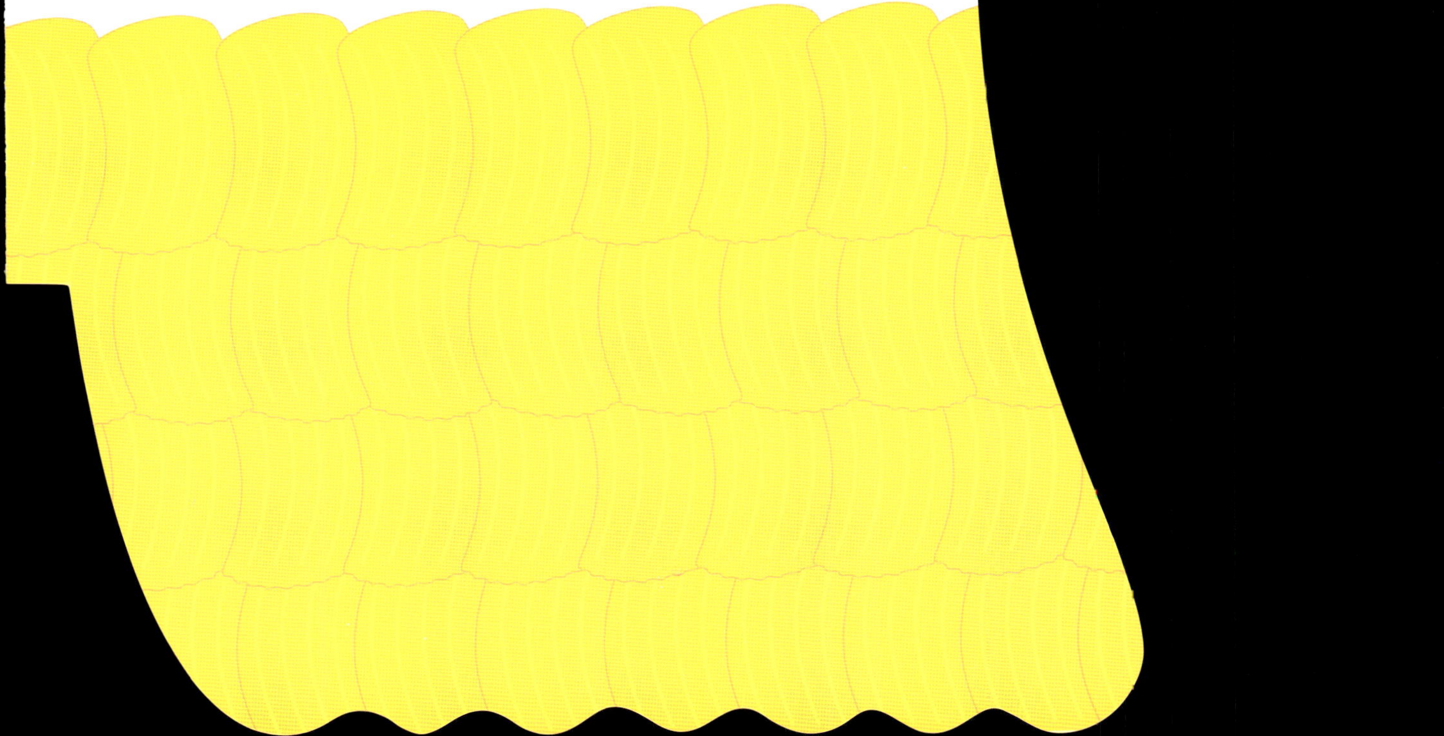

BUCATINI MIT KÄSE UND DREIERLEI PFEFFER

ZUTATEN FÜR 4 PERSONEN

300 g Bucatini
100 ml natives Olivenöl extra
200 g frisch geriebener Pecorino romano
schwarzer, weißer, roter Pfeffer, grob zerstoßen
Salz

ZUBEREITUNG

Die Bucatini in reichlich kochendem Salzwasser al dente garen, vorsichtig abgießen und in eine Schüssel geben. Den in dem Öl und 2-3 Esslöffeln Nudelwasser geschmolzenen Pecorino sowie den schwarzen, weißen und roten Pfeffer zugeben - je nach Geschmack, stärker oder schwächer würzen. Sofort servieren. Entscheidend ist hierbei, dass die Pfefferkörner grob zerstoßen und nicht fein gemahlen werden. Für dieses Rezept eignen sich auch Spaghetti.

Vorbereitung: 10 Minuten + Garzeit: 8 Minuten
Schwierigkeitsgrad: niedrig

CASTELLANE MIT ARTISCHOCKEN UND PECORINO

ZUTATEN FÜR 4 PERSONEN

300 g Castellane
4 Artischocken
60 g Schalotten
60 g frisch gehobelter, würziger Pecorino
50 ml trockener Weißwein
50 ml Gemüsebrühe, ca.
40 ml natives Olivenöl extra
30 g gehackte glatte Petersilie
1 Knoblauchzehe
Chili, frisch oder getrocknet, fein geschnitten, Menge nach Belieben
Salz

ZUBEREITUNG

Artischocken putzen und in nicht zu dünne Scheiben schneiden. Mit Öl, Knoblauchzehe, Schalotte, gehackter Petersilie, Salz und Chili in eine Pfanne geben und anbraten. Mit Weißwein ablöschen. Wenn der Wein vollständig verdunstet ist, etwas Gemüsebrühe angießen und etwa 10 Minuten fertig garen. Castellane in kochendem Salzwasser al dente garen, mit der Artischockensauce mischen und den gehobelten Pecorino darübergeben.
Für dieses Rezept eignen sich auch Penne rigate.

Vorbereitung: 45 Minuten + Garzeit: 9 Minuten
Schwierigkeitsgrad: niedrig

CAVATIELLI PUGLIESI MIT ROHER SAUCE

ZUTATEN FÜR 4 PERSONEN

300 g Cavatielli pugliesi
400 g Tomaten
120 g Cacioricotta (süditalienischer Käse, meist aus Schafs- und Ziegenmilch)
80 ml natives Olivenöl extra
8 Basilikumblätter
1 Knoblauchzehe
Salz und frisch gemahlener Pfeffer

ZUBEREITUNG

Tomaten waschen, entkernen, in Stücke schneiden und mit dem Olivenöl, den zuvor gewaschenen und trocken getupften Basilikumblättern, der fein gewürfelten Knoblauchzehe, Salz und Pfeffer vermengen.
Eine Stunde im Kühlschrank marinieren.
Cavatielli in leicht gesalzenem Wasser al dente garen, abgießen und die Marinade dazugeben.
Auf Teller verteilen und mit geriebener Cacioricotta bestreuen. Für dieses Rezept eignen sich auch Farfalle.

eitung: 10 Minuten + Marinierzeit: 1 Stunde + Garzeit: 9 Minuten
Schwierigkeitsgrad: niedrig

GNOCCHI DI SEMOLA MIT RICOTTA

ZUTATEN FÜR 4 PERSONEN

300 g Gnocchi di semola (Harzweizengrießgnocchi)
250 g sehr frische Ricotta
100 g Erbsen
60 g frisch geriebener Pecorino
Salz und frisch gemahlener Pfeffer
Eiswürfel für Eiswasser

ZUBEREITUNG

Erbsen eine Minute in kochendem Salzwasser blanchieren und sofort in Eiswasser geben. Ricotta durch ein Sieb in eine große Schüssel streichen. Mit etwas Salz und Pfeffer würzen. Die Gnocchi in reichlich kochendem Salzwasser al dente garen, nicht ganz trocken abgießen und etwas Nudelwasser auffangen. Die Pasta zu der Ricotta in die Schüssel geben. Den geriebenen Pecorino und die Erbsen unterheben und alle Zutaten gut vermischen. Nach Belieben etwas Nudelwasser zugeben. Heiß servieren!
Für dieses Rezept eignen sich auch Conchiglie rigate.

Vorbereitung: 15 Minuten + Garzeit: 14 Minuten
Schwierigkeitsgrad: niedrig

SALAT MIT CASTELLANE-NUDELN À LA MARGHERITA

ZUTATEN FÜR 4 PERSONEN

300 g Castellane
250 g Kirschtomaten
200 g Mozzarella
80 ml natives Olivenöl extra
4-5 Basilikumblätter
frischer Oregano, nach Geschmack
Salz

ZUBEREITUNG

Castellane in reichlich kochendem Salzwasser garen. Wenn Sie noch sehr al dente sind, vom Herd nehmen und zum Abkühlen den Topf schnell unter fließendes, kaltes Wasser halten. Dann die Nudeln vorsichtig abgießen, in eine große Schüssel geben und etwas Öl hinzufügen, damit sie nicht zusammenkleben. Die Tomaten waschen und achteln. Den Mozzarella in ebenso große Stücke schneiden und mit den Tomaten und der Pasta in einer Schüssel mischen. Mit einer Prise Salz, dem per Hand klein gezupften Basilikum und dem Olivenöl abschmecken und sofort servieren. Nach Belieben mit etwas frischem Oregano bestreuen.
Für dieses Rezept eignen sich auch Ruote.

Vorbereitung: 15 Minuten + Garzeit: 12 Minuten
Schwierigkeitsgrad: niedrig

SALAT VON CONCHIGLIETTE-NUDELN MIT GORGONZOLACREME, BIRNEN UND WALNÜSSEN

ZUTATEN FÜR 4 PERSONEN

250 g Conchigliette
250 g Birnen
150 g Gorgonzola
100 g Schlagsahne
10 ml natives Olivenöl extra
50 g Walnusskerne
Salz und frisch gemahlener Pfeffer

ZUBEREITUNG

Conchigliette in reichlich kochendem Salzwasser garen. Wenn Sie noch sehr al dente sind, vom Herd nehmen und zum Abkühlen den Topf schnell unter fließendes, kaltes Wasser halten. Nudeln vorsichtig abgießen, in eine große Schüssel geben und das Olivenöl angießen, damit sie nicht zusammenkleben. In der Zwischenzeit die Sahne mit dem in Stücke geschnittenen Gorgonzola in einen kleinen Topf geben und bei niedriger Hitze schmelzen. Birnen waschen, nach Belieben schälen und in 1 Zentimeter große Würfel schneiden. Die Walnüsse per Hand in kleine Stücke brechen und alle Zutaten zu den Conchigliette in die Schüssel geben. Nach Geschmack salzen und pfeffern.
Für dieses Rezept eignen sich auch Tortiglioni.

Vorbereitung: 20 Minuten + Garzeit: 11 Minuten
Schwierigkeitsgrad: niedrig

MEZZE PENNE „NORMA“

ZUTATEN FÜR 4 PERSONEN

300 g Mezze penne
1 kg Tomaten
250 g Auberginen
50 g Zwiebeln
50 g Ricotta salata, gerieben
30 ml natives Olivenöl extra
6 Basilikumblätter
1 Knoblauchzehe
Mehl
Olivenöl zum Frittieren
Salz und frisch gemahlener Pfeffer

ZUBEREITUNG

Auberginen waschen, abtrocknen und in Würfel oder Stifte schneiden. In ein Sieb geben, mit Salz bestreuen und ziehen lassen, bis sich Flüssigkeit bildet. Nach etwa einer halben Stunde in Mehl wälzen und in reichlich Olivenöl ausbacken. In einem Topf etwas Öl erhitzen und die geschälten, grob geschnittenen Zwiebeln sowie die ganze, geschälte Knoblauchzehe darin anschwitzen. Die gewaschenen und in Stücke geschnittenen Tomaten hinzufügen. Salzen, pfeffern, etwa 10 Minuten kochen lassen und dann alles durch das Passiergerät drücken. Die frittierten Auberginenwürfel zu der Tomatensauce geben. In der Zwischenzeit die Mezze penne in kochendem Salzwasser al dente garen, abgießen und mit der Sauce mischen. Das von Hand klein gezupfte Basilikum hinzufügen. Auf Teller verteilen und mit geriebener Ricotta salata bestreuen. Für dieses Rezept eignen sich auch Penne.

Vorbereitung: 1 Stunde + Garzeit: 11 Minuten
Schwierigkeitsgrad: mittel

PENNE RIGATE MIT SPARGELCREME UND PARMESAN

ZUTATEN FÜR 4 PERSONEN

300 g Penne rigate
450 g grüner Spargel
100 g Schlagsahne
100 g frisch geriebener Parmesan
30 g Schalotten
20 ml natives Olivenöl extra
Salz
Eiswürfel für Eiswasser

ZUBEREITUNG

Spargel waschen, schälen und in Scheiben schneiden. Die Spargelspitzen beiseitestellen. Schalotten in Scheiben schneiden und mit den Spargelscheibchen in einem Topf mit Öl anbraten. Einen halben Liter Wasser zugeben und etwa 15 Minuten kochen lassen. Leicht salzen, dann alles zu einer sehr feinen Creme pürieren. Die Spargelspitzen separat 3-4 Minuten kochen und sofort in Eiswasser geben. Penne rigate in einem mit kochendem Salzwasser gefüllten Topf entsprechend der Packungsanweisung garen. Abgießen und in den Topf mit der Spargelcreme geben. Spargelspitzen, Sahne und frisch geriebenen Parmesan hinzufügen. Vor dem Servieren auf kleiner Flamme etwa eine Minute verrühren. Für dieses Rezept eignen sich auch Mezze penne.

Vorbereitung: 30 Minuten + Garzeit: 9 Minuten
Schwierigkeitsgrad: niedrig

PIPETTE RIGATE MIT BLUMENKOHL

ZUTATEN FÜR 4 PERSONEN

300 g Pipette rigate
650 g Blumenkohl
100 g durchgereifte Ricotta
30 ml natives Olivenöl extra
20 g gehackte glatte Petersilie
3 Sardellenfilets in Öl
1 Knoblauchzehe
Chili, frisch oder getrocknet, fein geschnitten, Menge nach Belieben
Salz

ZUBEREITUNG

Den Blumenkohl putzen und in Röschen teilen. In kochendem Salzwasser etwa 10 Minuten bzw. bis man mit einem kleinen Messer ohne Widerstand hineinstechen kann, garen. In der Zwischenzeit bei niedriger Hitze in einem Topf das Öl mit der geschälten, ganzen Knoblauchzehe und Chili erhitzen. Die Sardellenfilets hinzufügen, aber aufpassen, dass sie nicht verbrennen. Den Blumenkohl abgießen (etwas Kochwasser auffangen) und in die Pfanne geben. 5 Minuten bei mittlerer Hitze kochen lassen und bei Bedarf etwas Kochwasser angießen. Den Blumenkohl mit einer Gabel zerdrücken oder, um eine cremigere Konsistenz zu erhalten, pürieren. Die Pipette rigate in kochendem Salzwasser al dente kochen, abgießen und in den Topf mit der Creme geben. Auf kleiner Flamme etwa eine Minute verrühren und die gehackte Petersilie zugeben. Mit der gehobelten, würzigen Ricotta servieren. Für dieses Rezept eignen sich auch Tortiglioni.

Vorbereitung: 15 Minuten + Garzeit: 8 Minuten
Schwierigkeitsgrad: niedrig

TORTIGLIONI MIT VIER KÄSESORTEN

ZUTATEN FÜR 4 PERSONEN

300 g Tortiglioni
100 g Gorgonzola
100 g Provolone
100 g frisch geriebener Parmesan
100 g Fontina
150 ml Milch
50 g Schlagsahne
Salz und frisch gemahlener Pfeffer

ZUBEREITUNG

Alle Käsesorten, außer dem Parmesan, der gerieben wird, in Stücke schneiden und mit der Milch in eine Pfanne geben. Die Masse solange schmelzen, bis sie cremig ist. In der Zwischenzeit die Nudeln in reichlich kochendem Salzwasser al dente garen, abgießen (etwas Nudelwasser auffangen) und in die Pfanne geben. Sahne hinzufügen. Salzen und je nach Geschmack mit etwas frisch gemahlenem Pfeffer abschmecken. Auf dem Herd einige Minuten mischen, sodass sich die Käsecreme gut mit den Nudeln verbindet und bei Bedarf etwas Nudelwasser zugießen.
Für dieses Rezept eignen sich auch Gnocchi di semola.

Vorbereitung: 15 Minuten + Garzeit: 12 Minuten
Schwierigkeitsgrad: niedrig

VOLLKORN-TORTIGLIONI MIT ZIEGENKÄSE UND GETROCKNETEN TOMATEN

ZUTATEN FÜR 4 PERSONEN

300 g Vollkorn-Tortiglioni
200 g Caprino (Ziegenfrischkäse)
60 g getrocknete Tomaten
20 g grüne Oliven, entsteint
10 g in Salz eingelegte Kapern
20 ml natives Olivenöl extra
2-3 Basilikumblätter
Oregano, getrocknet
Salz

ZUBEREITUNG

Die Tortiglioni in einem Topf mit kochendem Salzwasser garen. Die Kapern unter fließendem Wasser vom Salz befreien und grob hacken. Oliven ebenfalls hacken und Tomaten in Stücke schneiden. Den Ziegenkäse in eine große Schüssel geben und mit einer kleinen Schöpfkelle Nudelwasser zu einer Creme verrühren. Die entsalzten Kapern, Oliven und Tomatenstücke zugeben. Gegebenenfalls mit Salz abschmecken und einer Prise getrocknetem Oregano verfeinern. Nach Ende der auf der Packung angegebenen Garzeit Tortiglioni abgießen und in die Schüssel mit der Ziegenkäsecreme geben. Gut mischen und das Öl sowie das gewaschene, trocken getupfte und per Hand klein gezupfte Basilikum zugeben.
Für dieses Rezept eignen sich auch Penne rigate.

Vorbereitung: 10 Minuten + Garzeit: 11 Minuten
Schwierigkeitsgrad: niedrig

TROFIE LIGURI MIT BASILIKUMPESTO

ZUTATEN FÜR 4 PERSONEN

300 g Trofie ligure
30 g Basilikumblätter
60 g frisch geriebener Parmesan
40 g frisch geriebener gereifter Pecorino
10 g Pinienkerne
1 Knoblauchzehe
200 ml natives Olivenöl extra (vorzugsweise aus Ligurien)
Salz

ZUBEREITUNG

Basilikum verlesen, waschen und in einem Küchentuch trocken tupfen. Im Standmixer mit 150 Milliliter Öl, einer Prise Salz, Knoblauch und Pinienkernen zerk einern.
Die frisch geriebenen Käsesorten zugeben, das restliche Öl ohne umzurühren über das Pesto gießen und beiseitestellen.
Die Trofie in Salzwasser kochen. Wenn diese al dente gegart sind, abgießen (dabei etwas Nudelwasser auffangen) und zu dem Pesto in die Schüssel geben. Mit ein wenig Nudelwasser und einem Schuss Olivenöl vermengen.
Für dieses Rezept eignen sich auch Farfalle.

Vorbereitung: 15 Minuten + Garzeit: 10 Minuten
Schwierigkeitsgrad: niedrig

ALPHABETISCHES VERZEICHNIS DER REZEPTE

ALPHABETISCHES VERZEICHNIS DER ZUTATEN

Alle Bilder stammen von der Academia Barilla, außer:

©123RF: Timer-Bild
Valentina Giammarinaro/Archivio White Star: S. 2, 5, 12, 13, 123, 125, 126

ACADEMIA BARILLA

BOTSCHAFTERIN DER ITALIENISCHEN KÜCHE

Im Herzen Parmas, einer der Hauptstädte der Kochkultur, liegt inmitten der historischen Produktionsstätten der Firma Barilla das Barilla-Center, in dem auch die Academia Barilla untergebracht ist. Gegründet wurde sie 2004, mit dem Ziel, die italienische Kochkunst zu bewahren, die kulinarischen Traditionen der Regionen zu pflegen, sie vor Nachahmungen und Verfälschungen zu schützen und den Wert der italienischen Küche insgesamt zu steigern. So wurde die Academia Barilla zu einem Ort, an dem sich große Professionalität und einzigartige Kompetenzen vereinen. Sie bietet Kochkurse für Fans des guten Essens an, unterstützt Gastronomen und stellt Produkte von hoher Qualität vor. Für ihre kreative Förderung der italienischen Gastronomiekultur erhielt die Academia Barilla im Jahr 2007 die Auszeichnung „Premio Impresa-Cultura". Der Sitz der Institution erfüllt alle Anforderungen eines modernen Weiterbildungszentrums für Ernährung und verfügt außerdem über die nötige multimediale Ausstattung, um große Veranstaltungen beherbergen zu können: neben einem außergewöhnlichen gastronomischen Auditorium gibt es ein Restaurant, ein polysensorisches Labor und zahlreiche, mit der modernsten Technologie ausgestattete Räumlichkeiten. In der gastronomischen Bibliothek werden über 10.000 Bände rund um Gastronomie und Kochen, sowie eine einzigartige Sammlung antiker Rezepte, Speisekarten und Publikationen aufbewahrt. Die Bibliothek kann auch über das Internet konsultiert werden und bietet Zugang zu hunderten digitalisierten historischen Texten. Ihr zeitgemäßer Aufbau und ein Dozenten-Team von internationaler Bekanntheit erlauben es der Academia Barilla, ein vielseitiges Kursprogramm anbieten zu können, das sowohl den Ansprüchen professioneller Gastronomen als auch denen leidenschaftlicher Hobbyköche gerecht wird. Kulturelle Veranstaltungen und Initiativen, an denen Fachleute, Starköche und Gastronomie-Kritiker teilnehmen, bringen einem großen Publikum die Welt des Kochens und der Gastronomie näher. Die Academia Barilla vergibt weiterhin den Preis „Premio Cinema", der Kurzfilmen vorbehalten ist, die sich mit der italienischen Kochtradition auseinandersetzen.

www.academiabarilla.it

Via M. Germano, 10 - 13100 Vercelli, Italien
www.whitestar.it

Übersetzung: Britta Köhler
Redaktion Deutschland: Grafikhaus, München

ISBN 978-88-6312-124-7
1 2 3 4 5 6   17 16 15 14 13

Gedruckt in China

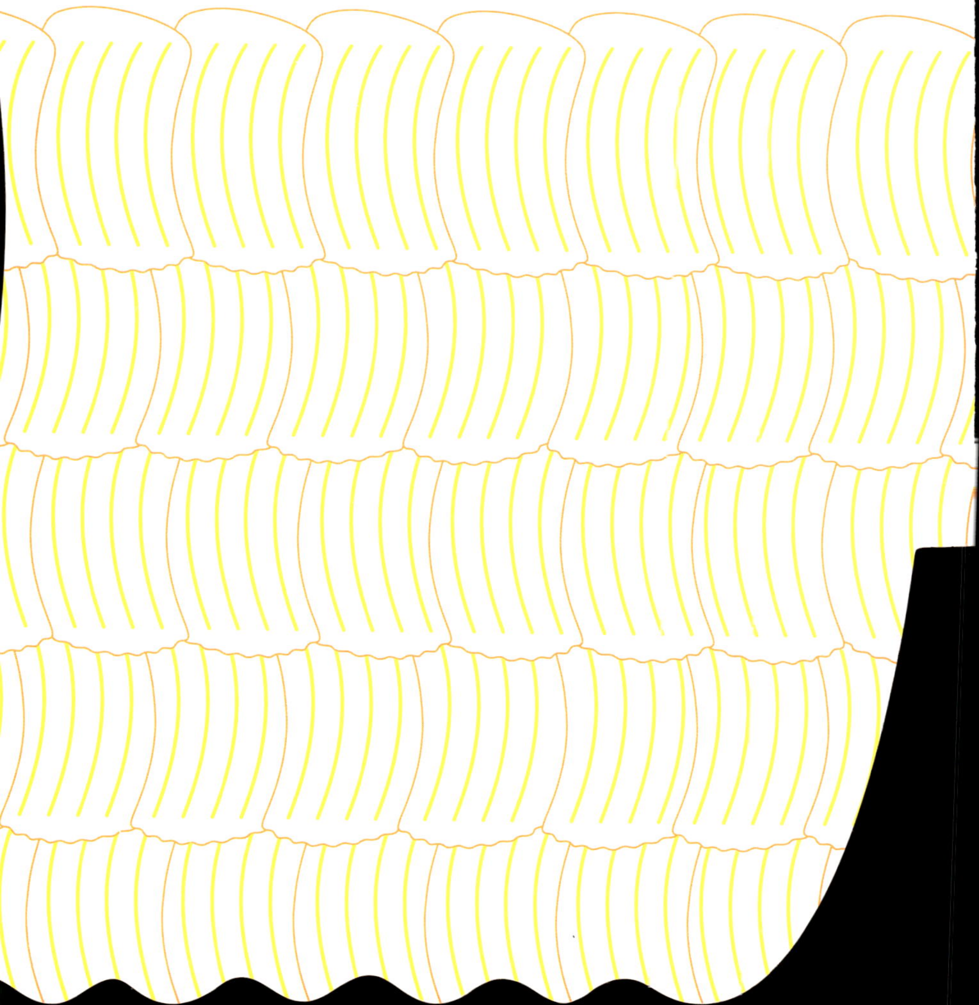